AF364898

9 782491 615208

زنان در رهبری سیاسی

سخنرانی مریم رجوی

در اجلاس بین‌المللی روز جهانی زن

در پاریس

مارس ۲۰۲۴ -اسفند ۱۴۰۲

زنان در رهبری سیاسی

سخنرانی مریم رجوی در اجلاس بین‌المللی روز جهانی زن در پاریس

شماره ثبت: ۲-۱۹-۴۹۱۵۱۶-۲-۹۷۸

تاریخ انتشار: خرداد ۱۴۰۳

انتشارات شورای ملی مقاومت

فهرست

به‌مناسبت روز جهانی زن، از سوی مقاومت ایران، یک اجلاس بزرگ بین‌المللی در پاریس با شرکت شخصیت‌های برجستهٔ سیاسی، حقوقدانان و فعالات حقوق زنان، از ۲۸ کشور جهان برگزار شد.

در این اجلاس، سخنرانان، روز جهانی زن را گرامی داشتند و از مبارزات زنان جهان به‌ویژه نقش پیشتاز زنان ایران در قیام علیه دیکتاتوری زن‌ستیز حاکم برای آزادی و حقوق برابر و رفع تبعیض‌های ناعادلانه حمایت کردند.

سخنرانان این اجلاس از جمله عبارت بودند از:

نجات والو بلقاسم، وزیر آموزش، آموزش عالی و تحقیقات فرانسه (۲۰۱۴ تا ۲۰۱۷)

دکتر وایرا ویکه فریبرگا، رئیس‌جمهور لتونی (۱۹۹۹ تا ۲۰۰۷)

دکتر روزالیا آرتئاگا سرانو، معاون و رئیس‌جمهور اکوادور (۱۹۹۷)

آنلی یتنمکی، اولین زن نخست‌وزیر در فنلاند (۲۰۰۳)

آنا النا چاکن اچوریا، معاون رئیس‌جمهور کاستاریکا (۲۰۱۴ تا ۲۰۱۸)

لیما روبرتا گبوی، برندۀ جایزۀ صلح نوبل (۲۰۱۱) – لیبریا

خانم لیما گبوی از مدافعان صلح و حقوق زنان در لیبریا و رئیس و بنیان‌گذار مؤسسۀ صلح گبوی آفریقا

اولکساندرا ماتویچوک حقوقدان، برندۀ جایزۀ صلح نوبل (۲۰۲۲)، رئیس مرکز آزادی‌های مدنی اوکراین

میشل آلیو ماری، وزیر ارشد دولت فرانسه (۲۰۰۹ تا ۲۰۱۱) وزیر پیشین خارجه، کشور، دفاع و دادگستری

اینگرید بتانکور، کاندیدای پیشین ریاست‌جمهوری کلمبیا

دومینیک آتیاس، رئیس شورای اداری بنیاد وکلای اروپایی، رئیس

پیشین کانون وکلای اروپا با بیش از یک میلیون عضو

لیندا چاوز، مدیر پیشین روابط عمومی کاخ سفید

جودی اسگرو، وزیر مهاجرت کانادا (۲۰۰۵)، رئیس کمیتۀ تجارت بین‌المللی پارلمان از حزب حاکم

کندیس برگن، رهبر حزب محافظه‌کار کانادا (۲۰۲۲)، وزیر توسعۀ اجتماعی (۲۰۱۵)

نرگس نهان، وزیر معدن و نفت افغانستان (۲۰۱۷ تا ۲۰۱۹)

سهام بادی، وزیر زنان تونس (۲۰۱۱ تا ۲۰۱۴)

کی‌را رودیک، نمایندۀ پارلمان اوکراین، رهبر حزب هولوس، نایب‌رئیس اتحاد لیبرال‌ها و دموکرات‌های اروپا

تورگردور کاترین گونارزدوتیر، وزیر آموزش ایسلند (۲۰۰۳ تا ۲۰۰۹)، رئیس حزب لیبرال‌رفرم، نمایندهٔ پارلمان

گانا یودکیوسکا، معاون پیگیری گروه کاری سازمان ملل در مورد بازداشت‌های خودسرانه، قاضی پیشین دادگاه اروپایی حقوق‌بشر

بارونس اولون، عضو مجلس اعیان انگلستان

کاتلین دپورتر، نمایندهٔ مجلس فدرال بلژیک

نایکه گروپیونی، عضو کمیسیون خارجی پارلمان ایتالیا

دورین روکماکر، نمایندهٔ پارلمان اروپا از هلند

سناتور ارین مک‌گریهان، عضو سنای ایرلند، از سخنگویان حزب فینافیل

هانا کاترین فریوریکسون، رئیس گروه حزب لیبرال‌رفرم در پارلمان ایسلند

کارین لیلتورپ، عضو کمیسیون خارجی پارلمان دانمارک، از سخنگویان حزب مدرات

دکتر کاتیا ده جوانی، نماینده پارلمان مالت

ایولیا داسکالو، نماینده پارلمان مولداوی

مالگورزاتا کریچووسکا، نایب‌رئیس کمیتهٔ خارجی شورای عالی وکلای لهستان

کریستینا بلک‌لاز، رئیس کانون وکلای انگلستان و ولز (۲۰۱۹)

پروفسور سارا چندلر، رئیس پیشین کمیتهٔ حقوق بشر کانون وکلای انگلستان و ولز و فدراسیون حقوقدانان اروپا

میشل دووکولور، رئیس پیشین کمیتهٔ پارلمانی برای یک ایران

دموکراتیک در مجلس فرانسه

سناتور کارمن کینتانیا، رئیس کمیسیون برابری پارلمان اسپانیا (۲۰۱۵)

زینت میرهاشمی، سردبیر نشریۀ نبرد خلق، عضو کمیتۀ مرکزی سازمان چریک‌های فدایی خلق ایران

فلور صدودی، عضو شورای ملی مقاومت ایران

نمایندگان انجمن‌های زنان و جوانان ایرانی

و سروناز چیت‌ساز، مسئول کمیسیون زنان شورای ملی مقاومت ایران

در این اجلاس بیانیۀ بیش از ۴۰۰ شخصیت از زنان سراسر جهان در حمایت از حقوق زنان ایران برای شورش علیه استبداد به‌مناسبت روز جهانی زن توسط خانم‌ها جودی اسگرو و کندیس برگن نمایندگان پارلمان کانادا به اجلاس ارائه شد.

امضاکنندگان از جمله وزرای پیشین، نمایندگان پارلمان‌ها، برندگان جایزۀ نوبل، متخصصین حقوق‌بشر، گزارشگران پیشین ملل متحد، حقوق‌دانان و اساتید، متخصصین و مبارزان حقوق زنان و شهرداران و اعضای شورای شهر و هنرمندان اعلام کردند که برنامۀ ۱۰ماده‌یی خانم مریم رجوی برای آیندۀ ایران و طرح ۱۲ماده‌یی او در مورد زنان، شایستۀ حمایت بی‌چون و چرای ما است. (ضمیمۀ شماره یک)

مشارکت زنان در رهبری سیاسی لازمه دموکراسی

سخنرانی مریم رجوی در اجلاس بین‌المللی روز جهانی زن در پاریس

۱

در آستانهٔ روز جهانی زن، گرم‌ترین درودهای‌مان نثار زنانی که برای آرمان برابری به‌پاخاستند، از خود گذشتند، راه را برای دیگران گشودند و ظهور عصری تازه را نوید دادند.

در پرتو همین رزم و رنج‌ها و تجربهٔ ۴دهه مبارزه علیه استبداد دینی، امروز در منتهای سرفرازی آمده‌ام بر این حقایق تاکید کنم که:

زنان نیروی تغییراند.

مشارکت فعال و برابر زنان در رهبری سیاسی، لازمهٔ دموکراسی است.

رهایی زن، شرط رهایی مرد است.

و شکست رژیم ولایت فقیه به‌دست زنان پیشتاز ایران محقق می‌شود.

در جهان امروز، در بزرگ‌ترین جنگ‌ها و بحران‌های انسانی، از جنگ خاورمیانه تا جنگ اوکراین، مثل همیشه زنان و کودکان معصوم، اولین قربانیان هستند. راه حل قطعی، شرکت زنان در مبارزه برای آزادی و در ایران مشارکت زنان در سرنگونی استبداد مذهبی و بنیادگرایی حاکم بر ایران است و زنان مجاهد و مبارز ایران برای رسیدن به این هدف، نقش تعیین‌کننده دارند.

برابری زن و مرد، چالش زمانه ما

امر برابری زن و مرد در حالی‌که به ظاهر از جانب بسیاری پذیرفته شده و در قوانین اغلب کشورها وارد شده، اما هم‌چنان چالش اساسی زمانهٔ ماست. چه باید کرد و راه دستیابی به آن چیست؟ در میهن ما بیش از صد سال است که زنان برای کسب آزادی و برابری مبارزه می‌کنند.[1]

---

1 - در سال ۱۲۸۶ خورشیدی، در جنبش تنباکو این زنان تهران بودند که در یک راهپیمایی خونین به سمت خانهٔ ناصرالدین شاه و به‌تعطیل کشاندن بازار به پیروزی آن جنبش یاری رساندند. در انقلاب مشروطه، زنان تبریز بودند که لباس رزم به تن کرده و پشت سر زینب پاشا، سالار زنان تبریز به یاری ستارخان برخاستند و در خطیرترین روزهای آن انقلاب، این بی‌بی مریم بختیاری بود که سلحشوران چهارمحال و بختیاری را به‌سوی فتح تهران سوق داد و اوست که حالا در قلوب بختیاری‌ها و در ترانه‌های پراحساس‌شان جاری است.

سپس وقتی که مصدق بزرگ نهضت ملی‌شدن نفت را رهبری می‌کرد و دولتش با مشکل مالی رو به‌رو بود، دختران و زنان شجاع ایران از شهرهای مختلف خود را به تهران رساندند. آن‌ها برای فروش دارایی خود و خرید اوراق قرضه به‌نفع دولت ملی مصدق تجمع باشکوهی در مقابل کاخ بانک ملی در تهران برگزار کردند.

در سازمان‌های انقلابی دههٔ پنجاه، زنان پیشتاز، فصل تازه‌یی در مبارزه و فداکاری بودند و در خیزش‌ها و قیام‌هایی که به‌پیروزی انقلاب ضدسلطنتی مردم ایران منجر شد، زنان حضوری فعال و چشمگیر داشتند.

قهرمانان این نبردها هم‌چون فاطمه امینی، اشرف رجوی، مرضیه احمدی‌اسکویی و مهرنوش ابراهیمی، ستارگان درخشان آسمان انقلاب ایران‌اند و هرگز از یادها نخواهند رفت.

وقتی‌که خمینی با سرقت رهبری انقلاب ضدسلطنتی به‌حکومت رسید، زنان ایران از نخستین هفته‌ها به ایستادگی و اعتراض دست زدند و در قدم بعد ده‌ها هزار زن مجاهد و مبارز در مقاومت علیه این رژیم شکنجه یا اعدام شدند.

تجربهٔ مقاومت ما این است که نبرد با دیکتاتوری و مشخصا نبرد با بنیادگرایی اسلامی حاکم بر ایران و مبارزه برای برابری، دو مبارزه جدا از هم نیست. زیرا آزادی واقعی زنان جز با شرکت آن‌ها در نبرد با رژیم زن‌ستیز آخوندی محقق نمی‌شود و درافتادن با استبداد دینی بدون آزاد کردن انرژی عظیم زنان و مردان پیشتاز غیرممکن است. لازمهٔ برابری، کنار زدن نگرش ارتجاعی و کالایی نسبت به زن است. به‌جای آن باید فرهنگ و مناسباتی برقرار شود که در آن زن وابسته به دیگری نباشد؛ موضوع مالکیت نباشد؛ بلکه یک انسان انتخابگر و مستقل باشد که می‌تواند سرنوشت خود را به‌دست بگیرد و جهان امروز را به‌سوی جهانی بهتر رهبری کند.

یک جنبش ترقی‌خواه که می‌خواهد با استبداد دینی بجنگد باید با ایدئولوژی ارتجاعی بنا شده بر جنسیت و فردیت فروبرنده دربیفتد. نمی‌تواند رگه‌ها و عناصری از آن را در اندیشه و مناسباتش داشته باشد.

اجبار و تحمیل مخالف روح اسلام

در سال ۵۷ با سرقت انقلاب مردم، نیرویی در ایران به حاکمیت رسید که از نظر فرهنگ و ایدئولوژی متعلق به هزاره‌های پیشین است. زن را

دراعدام‌های وحشیانهٔ دههٔ ۶۰ و در قتل‌عام ۶۷، خمینی و دژخیمان‌اش بیشترین قساوت و جنایت را متوجه زنان مجاهد کردند و در برخی بندها همهٔ زنان زندانی مجاهد را به‌دار آویختند. (سخنرانی مریم رجوی به‌مناسبت روز جهانی زن- اسفند ۱۴۰۰)

انسان درجهٔ ۲ می‌پندارد و سردمدار کنونی‌اش خامنه‌ای بارها گفته، برای زن نقشی جز خانه‌داری و فرزندآوری قائل نیست.[2]

۲- بر اساس دیدگاه‌های ارتجاعی سران رژیم، قانون مدنی آخوندها بر پایهٔ تبعیض بین زن و مرد تنظیم شده، زنان نمی‌توانند رئیس‌جمهور یا رهبر یا قاضی شوند، هم‌چنان‌که از بسیاری از مشاغل دیگر محرومند. سهم زنان از ارث، نصف سهم مردان است و اعتبار شهادتشان در دادگاه، نصف اعتبار شهادت مردان است و در برخی دعاوی اصلا شهادت زن معتبر محسوب نمی‌شود، حتی دیهٔ قتل یک زن بر طبق قانون آخوندها، نصف دیهٔ قتل یک مرد است.

در قانون جزایی آخوندها حقوق و ارزش انسانی زن، نصف حقوق مرد محسوب شده است و این برای خشونت و قتل علیه زنان از جمله قتل‌های ناموسی راه باز کرده است.

احکام شریعت آخوندها، فرهنگ مردسالاری را با رسوم منحطی مثل چند همسری و ازدواج موقت به‌طور گسترده رایج کرده است.

در قوانین آخوندها در قبال تجاوز به زنان، سهل‌گیری آشکاری وجود دارد. دادگاه‌های رژیم به تظلم‌خواهی قربانیان تجاوز چندان اعتنایی نمی‌کنند.

در خانواده، زنان باید باید تابع همسرشان باشند، از حق طلاق محروم‌اند و اگر جدا شوند حق سرپرستی کودک خود را ندارند. هم‌چنین اعمال حق مالکیت، مسافرت، خروج از خانه و حتی انجام برخی عبادت‌ها به تصمیم‌ها و خواست‌های مردان مشروط شده است.

خامنه‌ای، در شهریور ۱۳۹۵در بیانیه‌یی اعلام کرد که نقش زنان، مادری و خانه‌داری است و نقش مردان پدری و اقتصادی است. وی هم‌چنین خواستار تقویت سیاست‌های دولتی برای افزایش فرزندآوری مادران شد.

روش محوری این رژیم برای سرکوب و تحقیر زنان، تحمیل حجاب اجباری است. برای اجرای این قانون، آن‌ها کاری کرده‌اند که زنان ایران در همه جا دائماً احساس ناامنی می‌کنند. زیرا یک عملیات کنترل دائمی در کار است که در آن زنان پی‌درپی مورد مؤاخذه قرار می‌گیرند، دستگیر می‌شوند و تحقیر و مجازات می‌شوند. (مصاحبهٔ مجلهٔ فرانسوی ویمن‌ساید با مریم رجوی- ۲۳فروردین۱۳۹۶-۱۲ آوریل ۲۰۱۷)

سئوال این است که چرا در دهه‌های پایانی سدۀ ۲۰، رژیمی که با سرقت انقلاب روی کار آمد، سرکوب نیروهای آزادی‌خواه و به‌طور خاص سرکوب زنان را در راس برنامه‌های خود قرار داد؟ آیا این فقط به‌خاطر طینت عقب‌ماندۀ حاکمان جدید بود، یا عامل دیگری هم دست‌اندرکار بود؟

در حقیقت با سرنگونی استبداد وابستۀ شاه، زنان به‌عنوان یک نیروی پرانرژی و پرانگیزه که حامل پیشروترین مطالبات رهایی‌بخش است، به‌میدان آمدند. خمینی با سوءاستفاده از اسلام و تحریف آن، دستاویز شرعی برای سرکوب فراهم کرد.

آن‌ها خوب می‌دانستند که برای بستن راه نفس جامعه، ابتدا باید زنان را به‌بند بکشند. پس همۀ حقوق زنان و یکی از پایه‌یی‌ترین حقوق آن‌ها یعنی حق انتخاب پوشش را از زنان گرفتند و گفتند: این مطابق دستور اسلام است. در حالی‌که تحمیل حجاب و هر تحمیل و اجبار دیگر برخلاف روح رهایی‌بخش اسلام است.[3]

---

۳ - آخوندها ابتدایی‌ترین حقوق زنان از جمله حق پوشش را از آن‌ها سلب کرده‌اند و می‌گویند: این مطابق دستور اسلام است. روی آوردن به دین، بر اساس انتخاب آزادانه و داوطلبانه هر فرد است. در قرآن آمده است: لااکراه فی‌الدین. پس هر چیزی که از روی تحمیل و زور باشد، بر خلاف اسلام حقیقی است. می‌خواهد دین اجباری باشد یا حجاب اجباری. حجاب اجباری برضد اسلام است، برای به‌بند کشیدن زنان است، برای سرکوب عموم مردم است.

زنان ایران از روز اول، فهمیدند که آخوندها چه هدفی دارند. به‌همین دلیل در همان اسفند ۱۳۵۷ زنان مجاهد در حالی‌که خودشان روسری داشتند، در تظاهرات اعتراضی علیه حجاب اجباری شرکت کردند. از روز اول، تحمیل

هم‌چنان که جدایی دین و دولت از مصوبات شورای ملی مقاومت برای ایران آینده است.

زنان قربانیان اصلی رژیم

در ماه‌های اخیر، آخوندها قانون جدیدی تحت عنوان «عفاف و حجاب» در مجلس خود تصویب کردند. این یک برنامهٔ سازمان‌دهی اجتماعی و امنیتی برای اعمال اختناق است که لبهٔ تیز آن متوجه زنان است.[4]

حجاب به زنان، وسیلهٔ اختناق و سد کردن راه زنان بوده است و نه چیز دیگر.

خمینی در ۲۲بهمن حاکمیت شوم‌اش را شروع کرد. فقط ۱۵روز بعد در ۶اسفند «قانون حمایت خانواده» را ملغی کرد. در ۹اسفند تبعیض جنسی علیه زنان را به عرصهٔ ورزش کشاند. در ۱۳اسفند حق یک‌جانبهٔ طلاق را به مردان داد. در ۱۵اسفند، قانون خدمات اجتماعی زنان را لغو کرد و در ۱۶اسفند حجاب اجباری را به کارمندان زن تحمیل کرد که مجری آن در ادارات ارتش آخوند روحانی بود. (سخنرانی مریم رجوی به‌مناسبت روزجهانی زن اسفند ۱۳۹۶)

رضاشاه روسری را به اجبار از سر زنان می‌کشید و خمینی روسری را به اجبار بر سر زنان می‌کرد. پس اصل موضوع اجبار و دیکتاتوری است که در آن انتخاب آزادانه جایی ندارد. (سخنرانی مریم رجوی به‌مناسبت روزجهانی زن اسفند۱۴۰۱)

۴- قانون «عفاف و حجاب» در سال ۱۴۰۲ در مجلس رژیم تصویب شد و در آن شرح وظایف نهادهای نظامی، انتظامی، اطلاعاتی، تبلیغی و حتی اقتصادی رژیم حول تحمیل حجاب اجباری و تفتیش زندگی خصوصی

مردم مدون شده است. این قانون، برنامهٔ سازماندهی اجتماعی و امنیتی برای اعمال کنترل و اختناق حول حجاب اجباری است که لبهٔ تیز سرکوبگرانهٔ آن متوجه زنان است.

این قانون دارای ۷۲ماده و پنج فصل است و به بهانهٔ حمایت از بنیان‌های خانواده، آزادی انتخاب زنان در پوشش را محدود می‌کند.

در فصل سوم این قانون بیش از ۳۰وزارتخانه و سازمان دولتی را موظف کرده است تا فهرست بلندبالایی از وظایف مربوط به اجرای این قانون را انجام دهند، از جمله وزارت فرهنگ و ارشاد اسلامی، سازمان صدا و سیما، سازمان تبلیغات اسلامی، وزارت آموزش و پرورش، وزارت علوم، تحقیقات و فناوری، وزارت بهداشت، درمان و آموزش پزشکی، معاونت علمی، فناوری و اقتصاد دانش بنیان ریاست جمهوری، وزارت کشور، ستاد هماهنگی و راهبری اجرای مصوبهٔ عفاف و حجاب وزارت کشور، شهرداری‌ها و شوراهای شهر سراسر کشور، سازمان بهزیستی کشور، وزارت ورزش و جوانان، وزارت امور اقتصاد و دارایی، وزارت صنعت، معدن و تجارت، وزارت راه و شهرسازی، وزارت ارتباطات و فناوری اطلاعات، وزارت میراث فرهنگی، گردشگری و صنایع دستی، وزارت اطلاعات، سازمان اطلاعات سپاه، سازمان اطلاعات فرماندهی انتظامی، سازمان برنامه و بودجه، سازمان اداری و استخدامی کشور، معاونت

هم‌زمان تهدیدها برای تحمیل حجاب اجباری به‌زنان در معابر عمومی، واحدهای تولیدی و اداری و مراکز آموزشی گسترش پیدا کرد و فشار و آزار نسبت به زنان زندانی سیاسی مضاعف شد. ولی آن‌ها هرروز بر مقاومت‌شان علیه این رژیم می‌افزایند.

آری، دشمن شورشگران را به‌بند می‌کشد، اما آن‌ها زندان را به میدان نبرد تبدیل می‌کنند.

امور زنان و خانواده ریاست جمهوری، فرماندهی نیروی انتظامی، قوه قضائیه، نیروی شبه‌نظامی بسیج و ستاد امر به معروف و نهی از منکر. هر یک از این وزارت‌خانه‌ها و سازمان‌ها بین ۲ تا ۱۳ وظیفه برای آموزش کارکنان خود و کل جامعه در مورد سبک زندگی اسلامی و ترویج فرهنگ عفاف و حجاب به‌عهده دارند. از جمله این وظایف می‌توان به جداسازی جنسیتی فضای کار در ادارات و حتی بیمارستان‌ها، اجرای پوشش اجباری در مدارس، ادارات، دانشگاه‌ها، بیمارستان‌ها و غیره و خودداری از به کارگیری یا ارائۀ خدمات به افرادی که قانون حجاب را رعایت نمی‌کنند، اشاره کرد. وزارت اطلاعات، اطلاعات سپاه و اطلاعات نیروی انتظامی همگی در تحمیل حجاب اجباری بر زنان و دختران ایرانی شرکت دارند.

در فصل چهارم با عنوان «وظایف عمومی و مسئولیت اجتماعی» اصل ۳۴ تاکید می‌کند که جذب، به کارگیری، استخدام، ارتقا، ترفیع، رتبه‌بندی، انتصابات و برخورداری از امتیازات استخدامی مشروط به رعایت عفاف و حجاب در عمل است.

در فصل پنجم، ۳۳ماده به مجازات‌های شدید و جریمه‌های مالی سنگین برای افرادی که قانون عفاف و حجاب را نقض می‌کنند، از جمله در فضای مجازی و شبکه‌های اجتماعی اختصاص دارد. صاحبان مشاغل موظفند رعایت حجاب توسط کارکنان خود را کنترل کنند.

در واقع آخوندها به هر اقدام جنون‌آسایی دست می‌زنند تا راه به‌میدان آمدن زنان و از سرگیری قیام‌ها را ببندند. به این جامعهٔ درهم‌کوبیده شده نگاه کنید:

بیش از ۲۷میلیون زن ایرانی که در سن کارکردن هستند، غیرفعال‌اند. مشارکت اقتصادی زنان و سهم‌شان از بازار کار به‌نسبت تمام کشورهای جهان در ردیف پایین‌ترین‌هاست.[۵]

قربانی اول غارتگری بی‌رحمانه آخوندها، قربانی اول این اقتصاد درهم‌شکسته و قربانی اول بیکاری و بی‌خانمانی، زنان ستم‌زده در سراسر ایران هستند.

از همین جا خطاب به‌زنان به‌پاخاسته، به‌خصوص نسل پیشتاز و جوان ایران می‌گویم: میلیون میلیون زن ایرانی که با ستم، فقر و بهره‌کشی به‌زنجیر کشیده شده‌اند، نجات‌شان در دست‌های شماست.

برخیزید و یک صدا تمام ایران و جهان را از این فریاد پر کنید:

نه به حجاب اجباری، نه به دین اجباری، نه به حکومت اجباری و می‌توان و باید رژیم ولایت فقیه را سرنگون کرد.

―――――――――

۵ - در ایران زنان در آمار بیکاری دو برابر مردان در صحنهٔ مشارکت اقتصادی تعریف می‌شوند... و تقریبا یک درصد از زنان شاغل کارفرما هستند. در این میان ۲۳درصد از زنان شاغل کارکن مستقل و ۲۳درصد هم کارکن فامیلی بدون مزد هستند. این ارقام، پایین بودن پایداری و عدم ثبات اشتغال در زنان را می‌رساند. بنابراین آمار و اطلاعات بازار کار زنان در ایران نشان می‌هد که نه‌تنها زنان نسبت به مردان حضور کمتری در بازار کار دارند، بلکه از نظر کیفیت و پایداری مشاغل نیز در سطح پایین‌تری هستند و همین موضوع تفاوت در درآمد و دستمزد بین زن و مرد را تشدید می‌کند. (روزنامهٔ حکومتی اعتماد- ۱۷دی ۱۴۰۲)

به خامنه‌ای و آخوندها می‌گویم زنجیرهای نابرابری و ستم علیه زن ایرانی و زنجیر خرافه‌ها و اجبارات دینی بیش از این دوام نمی‌آورد. دوران ستم و سرکوب و نادیده‌انگاری زنان به‌پایان می‌رسد. و شما به‌دست همین زنان آزاد و رها سرنگون خواهید شد.

روزی می‌آید که هیچ‌کس به‌خاطر نوع لباس یا زندگی فردی‌اش یا به‌خاطر باورهای دینی و سیاسی‌اش مورد سئوال قرار نمی‌گیرد و دیگر هیچ زنی اعدام نمی‌شود، هیچ زنی شلاق نمی‌خورد و هیچ زنی در بند و زنجیر نخواهد بود. صدای شکستن زنجیرها به گوش می‌رسد. این صدای انقلاب است.

این پایان نظم کهنه و آغاز نظم تازه‌یی بر اساس آزادی، دموکراسی و برابری است. طرح ۱۲ ماده‌یی آزادی‌ها و حقوق زنان که از سوی مقاومت ایران ارائه شده، تضمین‌کنندهٔ حقوق زنان در ایران آزاد فرداست. (ضمیمهٔ ۲)

بیش از چهار دهه نبرد زنان مجاهد و مبارز

بعد از انقلاب ضدسلطنتی زنان به‌پاخاسته که عمدتاً در صفوف نیروهای ترقی‌خواه و مجاهدین سازمان یافتند، راهی میدان نبرد با مهیب‌ترین نیروی ارتجاعی تاریخ ایران شدند. از میان آن‌ها، ده‌ها هزار نفر توسط آخوندهای حاکم، شکنجه یا اعدام شده‌اند.

این تصاویر شماری از زنان پیشتاز نبرد با دو نظام شیخ و شاه هستند. به این قهرمانان از اعظم روحی آهنگران، مرضیه اسکویی، فاطمه

امینی و اشرف شهیدان تا حمیرا اشراق، ثریا ابوالفتحی، زهرا رجبی، زهره قائمی، صبا و آسیه، ندا، یلدا، حنانه و آیدا درود، درود، درود.

شروع دوران تازه‌یی در جهان معاصر

گفتم که ده‌ها هزار زن توسط رژیم آخوندی شکنجه یا اعدام شده‌اند. به این رقم توجه کنید.

این رقم از شروع دوران تازه‌یی در جهان معاصر به‌ویژه در ایران خبر می‌دهد. ببینیم مشخصهٔ این دوران چیست؟

مشخصهٔ آن ظهور نیرویی در صحنهٔ سیاسی ایران است که نیروی شکست استبداد دینی است و این توانایی و صلاحیت را در عبور از زندان و شکنجه و بهویژه میدانهای نبرد سیاسی، نظامی و ایدئولوژیک بهدست آورده است.

در سالهای اول حاکمیت خمینی، دختران مجاهد و مبارز سد استواری در برابر او تشکیل دادند. در فردای ۳۰خرداد سال۶۰ خمینی ۱۲دختر مجاهد را فقط بهجرم شرکت در تظاهرات تیرباران کرد. اغلب آنها سنشان کمتر از ۱۸سال بود. اما در موقع اعدام

حتی نام خود را به‌دشمن نگفتند.[6]

خمینی در مورد زنان، جنایت‌های بی‌شماری مرتکب شد و شکنجه‌های دهشتناکی علیه آن‌ها به کار گرفت از قفس و تابوت تا واحد مسکونی. در قتل‌عام زندانیان سیاسی در سال ۶۷، عمدهٔ زنان عضو و هوادار مجاهدین را حلق‌آویز کرد. اما پرداخت این بهای سنگین، انگیزهٔ پیشروی و مسئولیت‌پذیری زنان در جنبش مقاومت شد.

از سه دهه پیش در سازمان مجاهدین و ارتش آزادی‌بخش ملی، زنان بالاترین مواضع فرماندهی را به‌عهده گرفتند. در این مدت هشت تن از آنان به‌عنوان مسئولین اول سازمان ایفای مسئولیت کرده‌اند و مجاهد صدیق عذرا علوی طالقانی جانشینی فرماندهی ارتش آزادی‌بخش ملی ایران را به‌عهده داشت.

در نبردهای فروغ جاویدان، روحیه و تهاجم زنان مجاهد، چنان دشمن را به‌وحشت انداخت که بعد از ۳۵سال هنوز با ترس از آن یاد می‌کند.[7]

---

۶ - روز ۳۱خرداد سال ۱۳۶۰، یک روز بعد از تظاهرات مسالمت‌آمیز نیم میلیون نفر از مردم تهران روزنامهٔ اطلاعات رژیم با چاپ عکس ۱۲دختر نوجوان اعدام شده، از والدین آن‌ها خواست که برای شناسایی و تحویل اجساد آنان به زندان اوین مراجعه کنند. اغلب آن‌ها کم‌تر از ۱۸سال داشتند و در موقع اعدام، حتی حاضر به‌گفتن نام خود نشدند. بعدها، ده‌ها هزار زن مجاهد و مبارز دیگر به‌خاطر مبارزه در راه آزادی مردم ایران، شکنجه شدند یا که بر سر دار رفتند. (سخنرانی مریم رجوی به‌مناسبت روز جهانی زن-سال ۱۳۹۶)

۷- عملیات بزرگ فروغ جاویدان در مرداد سال ۱۳۶۷ توسط ارتش

در پایداری ۱۴ساله اشرف و لیبرتی، زنان نیروی تعیین‌کننده و هدایت‌کنندهٔ نبرد بودند. در شورای ملی مقاومت ایران، ۵۶درصد اعضا را زنان تشکیل می‌دهند و سال‌هاست که زنان در شورای مرکزی سازمان مجاهدین، در کانون‌های شورشی و در خط مقدم قیام‌های ایران، رسالت سرنگونی رژیم ولایت فقیه را به‌دوش می‌کشند.

در قیام‌های سال‌های ۹۶ و ۹۸ و در قیام سراسری ۱۴۰۱ که با جان‌باختن مظلومانهٔ ژینا – مهسا امینی شعله‌ور شد و با خون ۷۵۰شهید طی چند ماه تداوم داشت، زن شجاع ایرانی در خط مقدم قیام بود و به جهان نشان داد که چه جایگاهی در این مبارزه دارد.

رهبری زنان، چالش حکومت آخوندی

این روزها آخوندها در بی‌دادگاه پر سر و صدایی در تهران، ۱۰۴تن از اعضا و مسئولان مجاهدین و مقاومت را به‌طور غیابی محاکمه

آزادی‌بخش ملی ایران صورت گرفت. در نبردهای فروغ جاویدان، روحیه و تهاجم زنان مجاهد خلق دشمن را به‌شدت به‌وحشت انداخت. یکی از قهرمانان آن نبردها مجاهد قهرمان طاهره طلوع بود که ساعت‌ها با شمار زیادی از پاسداران جنگید. پس از شهادتش، پاسداران از فرط کینه، با زدن خنجری به قلب او، پیکرش را از درختی بر صخره‌های چهار زبر در کرمانشاه آویختند. این درخت، سپس زیارتگاه مشتاقان آزادی شد.

می‌کنند. جرم آن‌ها نبرد برای سرنگونی این رژیم است.[8]

یکی دیگر از مهم‌ترین جرائم این جنبش که به‌طور رسمی توسط

---

8 - این محاکمه در ماهیت، ناقض اعلامیهٔ جهانی حقوق‌بشر و استانداردهای قضایی بین‌المللی است. از نظر سیاسی توطئه‌گرانه است و یک زمینه‌سازی واضح برای اقدامات تروریستی در اروپا و محدودسازی مقاومت ایران در سطح بین‌المللی به‌ویژه سلب حقوق مجاهدین در اشرف۳ در آلبانی است. این خیز جدیدی برای تشدید سرکوب داخلی و حملات تروریستی به این مقاومت است. برای مردم ایران روشن است که قضائیهٔ ولایت فقیه ناقض «اصول بنیادین استقلال قضائیه» در قطعنامهٔ مصوب مجمع عمومی سازمان ملل در ۱۳دسامبر ۱۹۸۵ است و صلاحیت رسیدگی به هیچ دعوایی را ندارد. تمام احکام این دستگاه فاسد و خونریز در ۴۵سال گذشته ناعادلانه و باطل است. در مقابل تقلای بیهودهٔ آخوندها برای ظاهرسازی این دسیسهٔ سیاسی و تروریستی باید خاطرنشان کرد که افرادی که تحت عنوان قاضی، دادستان، وکیل، و هم‌چنین شاهد در برپایی این محاکمه نقش ایفا می‌کنند، همه از مسئولان و مجریان ماشین شکنجه و اعدام و صدور احکام ظالمانه‌اند. به‌عنوان مثال آخوند به‌اصطلاح قاضی این دادگاه، قبلاً از مسئولان بخش اجرای احکام یعنی حلق‌آویز زندانیان بی‌گناه بوده است.
این بی‌دادگاه در کشوری برگزار می‌شود که در آن حاکمیت قانون وجود ندارد.
بلکه مطابق اصل ۵۷قانون اساسی آن، ارادهٔ ولی فقیه حاکم است. این دادگاه در شرایطی برگزار می‌شود که آخوندهای حاکم در برابر قیام و مقاومت مردم ایران مستاصل هستند هدف از یک سو به‌راه انداختن یک ماشین شیطان‌سازی برای جلوگیری از پیوستن جوانان به مجاهدین و از سوی دیگر زمینه‌سازی برای اعمال فشار به مقاومت در خارج کشور به‌ویژه در آلبانی است.
(سخنرانی مریم رجوی در کنفرانس ایران: مقاومت علیه استبداد -یک قضاییه ظالم - نبرد با تروریسم دولتی- ۱۱اسفند ۱۴۰۲ - و سخنرانی در سالن ویکتورهوگو مجلس ملی فرانسه - ۱۱بهمن۱۴۰۲)

دادستان جلادان اعلام شده، پذیرش رهبری زنان است. آن‌ها راست می‌گویند رهبری زنان، موجودیت حکومت را به‌چالش کشیده است. این بی‌دادگاه‌ها البته در اشکال دیگری با تولید هزاران فیلم و سریال تلویزیونی و کتاب و مقاله توسط نهادهای مختلف رژیم تکرار شده است.

سال‌های سال است وزارت بدنام اطلاعات و نیروی تروریستی قدس یک زرادخانهٔ بزرگ شیطان‌سازی علیه مقاومت ایران به‌راه انداخته‌اند.

تلاش‌هایشان که هر بار شکست می‌خورد علیه تشکیلات این جنبش، علیه راهبر این مقاومت و علیه مناسبات رها و پاک زنان و مردان این جنبش است. این واکنش مذبوحانه آن‌ها نسبت به‌جاذبهٔ اجتماعی جایگاه زنان در این مقاومت است.

آخوندها و همدستان آن‌ها که رکورددار اعدام و به‌ویژه اعدام زنان در سراسر جهان هستند، می‌خواهند فداکاری این زنان مقاوم را بی‌رحمی و بی‌عاطفگی نشان دهند. در حالی‌که نه تنها در مقاومت ایران، بلکه در جنبش‌های آزادی‌بخش یا جنگ‌های مقاومت علیه اشغالگران، هم‌چنین در نبرد کنونی مردم اوکراین، فداکاری زنانی که برای حضور در میدان نبرد از همه چیز، از جمله از فرزندانشان چشم می‌پوشند، ستایش‌انگیز است.

وقتی آخوندها، بی‌دادگاه‌ها، زندان‌ها و رسانه‌هایشان را بی‌وقفه از ناسزاگویی به زنان مقاومت پر می‌کنند، به این معنی است که تمرکز

مقاومت ایران بر امر برابری زن و مرد پیروز شده است و به این معنی است که چشم‌انداز اعلام شدهٔ مقاومت یعنی سرنگونی این رژیم با نقش‌آفرینی زنان به‌پاخاسته محقق خواهد شد.

اما باید تاکید کنم که آن‌چه از میان موانع سخت و بغرنج برای پیشروی زنان و مردان مجاهد خلق راه گشود، ایدئولوژی یکتاپرستانهٔ بنیانگذاران سازمان مجاهدین و راهبری این جنبش توسط مسعود رجوی و اندیشهٔ ضدبهره‌کشانهٔ اوست که طی ۵دهه مقاومت را در یک مسیر رهایی‌بخش پیش برده است.

فانوس‌های راه

مشارکت گستردهٔ زنان در مبارزه برای تغییر رژیم، یک روند تصادفی و خودبه‌خودی نیست و دیدیم که با چه پشتوانه و سابقه‌یی زن ایرانی جلودار قیام‌ها شده است.

شورای مرکزی سازمان مجاهدین[9] متشکل از هزار زن پیشتاز، الگوی

---

9 - شورای مرکزی مجاهدین بالاترین نهاد رهبری‌کنندهٔ سازمان مجاهدین خلق ایران و متشکل از هزار زن مجاهد است. این دستاورد ثمرهٔ طی کردن مسیری است که مجاهدین از آغاز تحت رهبری مسعود رجوی با اعتقاد به آزادی و برابری طی کرده‌اند.

شورای مرکزی نهاد پیشرویی است که پرچم رهایی از همه آثار بهره‌کشانه و ارتجاعی اسارت‌بار را برافراشته و مناسباتی بر اساس برابری به معنای واقعی به‌وجود آورده است و اثرات رهایی‌بخش آن نه فقط زنان که مردان را هم در بر گرفته است. نسلی از مردان رها که با اندیشهٔ استثماری و مردسالار

فداکاری و مبارزه برای زنان ایران به‌خصوص دختران و زنان در کانون‌های شورشی است. مجاهدانی که از همه چیز، از جمله از خانه و خانواده گذشته‌اند.

می‌جنگند.

آری این زنان و مردان، پرچمدار برابری و مناسبات برادرانه و خواهرانه هستند. همان چیزی که جامعهٔ ایران و جامعهٔ بشری به آن نیازمند است. از این نظر شورای مرکزی در مسیر رزم و رنج خود از تجربه‌های پرباری برخوردار شده است. چکیدهٔ این تجربه‌ها «می‌توان و باید» است که در استمرار مبارزه با اندیشهٔ بهره‌کشانه و ارتجاعی در اشکال مختلف به‌دست می‌آید.

وقتی از اعضای شورای مرکزی مجاهدین صحبت می‌کنیم، این زنان اولاً از زندان‌ها و از میدان‌های نبرد راه خود را باز کرده‌اند.

ثانیاً، از مبارزه با دو ایدئولوژی سهمگین راه خود را گشوده‌اند. یکی علیه جنسیت‌گرایی دیگری علیه فردیت‌گرایی منفی. به‌عمد کلمه منفی را به‌کار بردم تا مرز این ایدئولوژی اسیرکننده از فردیت کمال‌یابندهٔ انسان روشن باشد. این زنان مسئولیت سنگینی را پذیرفته‌اند. انتخاب کرده‌اند که در شکست و پیروزی، در همه تلاطم‌ها و بالا پایینی‌ها آن را رها نکنند.

اگر بپرسید که شورای مرکزی مجاهدین چیست؟ می‌گویم: شورای مرکزی مجاهدین یعنی:

بالاترین و خطیرترین مسئولیت‌ها را روی دوش خود گذاشتن و در عین حال خود را پایین‌ترین نفر جمع دیدن.

یعنی به‌جاه و مقام و قدرت چشم نداشتن. و همه چیز را برای ملت اسیر ایران خواستن. یعنی جنگندگی و رزمندگی بی‌امان، در عین بیشترین و پاکترین عشق پرداخت‌گرانه به‌دیگران. یعنی در تمام زندگی اثبات‌کننده بودن. اثبات اَین که وجود زن رها و پیشتاز ممکن است. اثبات این که عمری وفادار بودن به این مسیر و این آرمان، ممکن است و اثبات این که تکثیر و شکوفایی این نسل ممکن است. (سخنرانی مریم رجوی در مراسم روز جهانی زن - اسفند ۱۴۰۰، سخنرانی در کنفرانس بین‌المللی پیشتازی زنان در مقاومت ایران -۲۳تیر۹۸)

زنان مجاهد، در یک مبارزهٔ مستمر و رهایی‌بخش بر فرهنگ برآمده از جنسیت و فردیت فروبرنده شورش کردند و انقلابی نوین را نمایندگی می‌کنند. ببینیم آن‌ها در عمل و نظر چه فانوس‌هایی در این راه، روشن کرده‌اند؟

در یک کلام چکیدهٔ تجربهٔ آن‌ها «می‌توان و باید» است. آن‌ها توانسته‌اند نیروی بازدارندهٔ ناباوری را عقب برانند و به باور تازه‌یی به‌خود دست پیدا کنند.

در ظلمات زن‌ستیزی و حسادت و حذف و رقابت منفی، آن‌ها فداکاری و عواطف خواهرانه را پیشهٔ خود کرده‌اند. ارزش‌های دنیای کهن مانند، اصالت دادن به قیافه و جوانی و پیری را که خورهٔ انرژی‌هاست، کنار زده‌اند.

به‌جای این‌که بگویند می‌خواهم این‌طور باشم، می‌گویند می‌توانم این طور باشم. پیشگام پذیرش مسئولیت‌های سنگین و الگوهایی در مدیریت جمعی هستند که جاه‌طلبی و رویکرد «اول من» و فقط برای من را رد می‌کنند، اما در فداکاری و مسئولیت‌پذیری همیشه جلودار و پیشقدم هستند.

قادر شده‌اند شنیدن دیگران را که کلید مناسبات پیشرفته و یک توانایی عالی انسانی است، در خود پرورش بدهند.

آموخته‌اند که اختلاف نظرها، تنوع روش‌ها و انتقادها، نه موجب از دست رفتن انرژی‌ها، بلکه منشأ قدرت و پیشرفت است. به‌جای اسیر شدن در ضعف‌های خود و دیگران، کمبودهای یکدیگر را پر می‌کنند

و در مناسباتی صمیمانه با انرژی مضاعف به‌پیش می‌روند. آموخته‌اند که در برابر مشکلات هر چند بزرگ، ریسک کنند و تسلیم تعادل قوا نشوند. آن‌ها با ضرب شدن درهم، راه‌های بسته را می‌گشایند.

امروز، زنان و مردان مجاهد، راه و روش مبارزه با ایدئولوژی‌های جنسیت و فردیت فروبرنده را به تئوری‌های مدون تبدیل کرده‌اند و در دوره‌های مختلف آموزشی و کارآموزی آن را در پراتیک و عمل روزانه تجربه می‌کنند. آن‌ها در این مبارزه به‌توان ریشه‌کنی این غل و زنجیرهای تاریخی دست پیدا کرده‌اند. شعارشان این است که ستم‌زدگی و نابرابری یک سرنوشت ازلی و ابدی نیست. می‌توان و باید این سرنوشت شوم را واژگون کرد.

پس شمار آن‌ها فقط هزار نفر نیست. آن‌ها به‌همراه دختران شورشگر و کانون‌های شورشی در سراسر ایران و اشرف‌نشان‌ها در سراسر جهان، صفی بی‌انتها را در مسیر آزادی تشکیل داده‌اند.

هژمونی زنان یک تحول رهایی‌بخش

حالا به پرچالش‌ترین تحول می‌رسیم یعنی هژمونی زنان[10].

____

۱۰ - برای واژگونی نظام تبعیض جنسی و تغییر بنیادین در سیاست‌های آن، زنان باید برای یک دوران، هژمونی سیاسی را در دست بگیرند. هدف و مضمون هژمونی زنان، تضمین برابری و ریشه‌کن کردن ستم جنسی است، نه تعویض مردسالاری با زن‌سالاری. از همین‌رو، تمامی الزام‌ها و تمامی پیامدهایش، درست به‌عکس نظام کنونی، خصلتی رهایی‌بخش دارد و فوران نیروهای آزاد شده در اثر رفع این ستم، می‌تواند بن‌بست‌های امروز جامعه

سوال این است: آیا این یک تحول زودهنگام نیست؟

آیا نباید این تغییر را به دهه‌های آینده و به‌زمانی موکول کرد که جوامع کنونی به‌درجات بالاتری از تکامل اجتماعی رسیده باشند؟

پاسخ ما این است که شکستن طلسم نابرابری بدون یک جهش ممکن نیست؛ این جهش، هژمونی زنان است که به‌خصوص به‌دلیل نبرد ما با یک استبداد زن‌ستیز بسیار بسیار ضروری بود و مشارکت فعال و برابر زنان در رهبری سیاسی و سایر پهنه‌های مسئولیت در گروی آن بود. اما این هژمونی زنان که می‌گوییم چه معنایی دارد؟ آیا سهیم شدن در قدرت مردانه است؟

خیر! این یک تحول رهایی‌بخش است. رهبری زنان در کسب کرسی‌های مدیریت محدود نمی‌شود. و سهیم شدن در قدرت مردانه نیست؛ بلکه تغییر دادن سرشت این قدرت است.

به قول مسعود رجوی «خلق جدیدی در کار است که یگانگی و کمال انسانی را مد نظر دارد. طغیان و شورش علیه فرهنگی است که بر استثمار زن و کالایی دیدن او بنا شده که هم برای زنان و هم برای مردان اسارت‌بار است». آن مناسباتی که بر نابرابری زن و مرد متکی است و نظامی که

بشری را بگشاید و نظامی نوین را در تمامی مناسبات انسانی چه در درون جوامع و چه در سطح بین‌المللی شکل دهد.

به این ترتیب، زنان نشان خواهند داد که اگرچه خود در طی قرون و اعصار، با سهمگین‌ترین ستم تاریخ مواجه بوده‌اند، ولی اینک، در عصر شکوهمند رهایی زن، صدای همهٔ سرکوب‌شدگان تاریخ را به اوج می‌رسانند. (سخنرانی مریم رجوی در جلسهٔ زنان صدای سرکوب شدگان-۳۰خرداد ۱۳۷۵)

زنان را به حاشیه می‌راند، نتیجه‌اش قدرت‌طلبی بی‌انتها، استبداد و انحصارطلبی، تصمیم‌گیری‌های خودسرانه، اتلاف منابع کشور و فساد و سرکوب است.

راه‌حل این بحران فراگیر، حضور زنان در رهبری است. این همان تحول نو و شکوهمندی است که جهان را دگرگون می‌کند.

کنار زدن ایدئولوژی مردسالار

وقتی بخواهیم به برابری به‌صورت عمیق و ریشه‌یی جامهٔ عمل بپوشانیم در برابر این سئوال قرار می‌گیریم که آیا این تغییر به‌معنی کنارگذاشتن مردان است؟

خیر. راه‌حل‌هایی که می‌خواهند جای زن را با مرد عوض کند، به رهایی زنان منجر نمی‌شود. پیام تازهٔ مقاومت ما این است که نه تعویض قدرت، بلکه تغییر ایدئولوژی مردسالار یک ضرورت اجتناب‌ناپذیر برای پیشبرد امر برابری است.

علاوه بر این، تجربهٔ جنبش ما اثبات کرد که وقتی مردان، رهبری زنان را می‌پذیرند، روابط میان خودشان هم تغییر می‌کند و برادرانه و پرداخت‌گرانه می‌شود.

آری، در جهان رهایی و آزادی، پیشروی زن و مرد نه در تقابل با هم، که لازمهٔ هم‌اند و یک‌دیگر را تکمیل می‌کنند. مردان این جنبش، این پیام را برای مردان ایران دارند: برابری، برادری و رهایی.

می‌توان و باید دنیایی نو ساخت

تغییر اوضاع کنونی و پایان دادن به تاریکی و تباهی زمانه، که بیش از همه زنان را هدف قرار داده، قبل از هر چیز در ایمان و باور ما تعیین و محقق می‌شود.

و من باور دارم که می‌توان و باید دنیایی نو بر اساس آزادی و برابری ساخت.

باور دارم که راه برابری، با قیام زنان و مردان علیه اندیشه ارتجاعی و کالایی، هموار می‌شود.

باور دارم که روزی نگاه کالایی به زن، گذشتهٔ شرمگینانهٔ بشریت می‌شود و هر زن به‌چشم انسان انتخابگری دیده می‌شود که اختیار تمام هستی‌اش را در دست دارد.

باور دارم که مشارکت برابر زنان، در پهنه‌های سیاسی و اقتصادی، تضمین آزادی و دموکراسی و امنیت و عدالت و پیشرفت است.

باور دارم که شکست بنیادگرایی و استبداد دینی حاکم بر ایران با پیشتازی، جنگاوری و رهایی زنان و مردان ایران امکان‌پذیر است و زنان نیروی تغییر سرنوشت در عصر حاضر هستند.

پرشکوه‌ترین تجربهٔ زندگی من، دیدن نبرد زنان و مردان این جنبش برای رهایی و برقراری مناسباتی عاری از تبعیض و نابرابریست.

با چنین تجربه‌یی، پرامیدتر از همیشه می‌گویم: طلوع خورشید آزادی و بهار دموکراسی و برابری با انقلاب دموکراتیک مردم ایران قطعی و حتمی است.

سلام بر آزادی

سلام بر زنان

ضمائم

٢

بیانیۀ بیش از ۴۰۰ شخصیت از زنان سراسر جهان

در حمایت از حقوق زنان ایرانی

برای شورش علیه استبداد

به‌مناسبت روز جهانی زن

امضاکنندگان شامل وزرای پیشین، نمایندگان پارلمان‌ها، برندگان جایزۀ نوبل، متخصصین حقوق‌بشر، گزارشگران پیشین ملل متحد، حقوقدانان و اساتید، متخصصین و مبارزان حقوق زنان، شهرداران و اعضای شورای شهر و هنرمندان

سرکوب سیستماتیک زنان توسط رژیم ایران برای مدت طولانی سنگ بنای این حکومت بوده است، از اعمال قوانین سختگیرانۀ پوشش تا محدود کردن دسترسی آن‌ها به اشتغال و مشارکت سیاسی. عفو بین‌الملل در ۶ دسامبر ۲۰۲۳ گزارش تکان‌دهنده‌یی منتشر کرد و خاطرنشان نمود: «ماموران اطلاعاتی و امنیتی در ایران از تعرض

جنسی و سایر خشونت‌های جنسی برای شکنجه، تنبیه و وارد کردن آسیب‌های جسمی و روانی ماندگار به معترضان، از جمله کودکان ۱۲ ساله استفاده کردند.»

رویکرد آخوندها نسبت به حقوق زنان، گواهی وحشتناکی بر زن‌ستیزی عمیق و بی‌اعتنایی به کرامت انسانی آن‌هاست. در چهاردهۀ گذشته هزاران زن به‌دلایل سیاسی اعدام شده‌اند.

در قیام سراسری مردم ایران در سال ۱۴۰۱، که خواستار پایان دادن به هرگونه دیکتاتوری مذهبی یا سلطنتی، با پیشتازی زنان شجاع بود، بیش از ۹۰ زن کشته شدند و بسیاری دیگر تحت شرایط غیرانسانی زندانی شده‌اند.

مریم اکبری منفرد یک نمونۀ گویاست که در سال ۱۳۸۸ به ۱۵ سال زندان محکوم شد و از آن زمان حتی یک روز مرخصی برای رفتن به‌بیمارستان در زندان است. وی به‌دلیل دادخواهی در مورد خواهر و سه برادرش که در دهۀ ۱۳۶۰ اعدام شدند، تحت شدیدترین فشارها قرار دارد. حال که زندان او روبه اتمام است رژیم با یک پرونده‌سازی جدید وی را به سه سال زندان بیشتر محکوم کرده است.

در حالی‌که سیاست مماشات تنها رژیم ایران را در سرکوب در داخل ایران و ترور و جنگ‌افروزی در خارج جری‌تر کرده، این وظیفۀ ما است که در همبستگی با این زنان شجاع بایستیم و درخواست آن‌ها را برای تغییر رژیم و استقرار دموکراسی، برابری جنسیتی و عدالت تقویت کنیم. طرح ده ماده‌یی خانم مریم رجوی

رئیس جمهور برگزیدهٔ شورای ملی مقاومت برای آیندهٔ ایران و طرح ۱۲ ماده‌یی او در مورد زنان شایستهٔ حمایت بی‌چون و چرای ماست. این طرح، با نفی قوانین سرکوبگرانهٔ رژیم، بر تساوی کامل سیاسی و فرهنگی و اقتصادی زن و مرد، حق تصدی هر مقامی ازجمله ریاست جمهوری و رهبری سیاسی و قضاوت، آزادی پوشش، آزادی کامل در ازدواج، ممنوعیت ازدواج قبل از سن قانونی، حق برابر طلاق، ممنوعیت چندهمسری و برابری در شهادت و ارث تاکید می‌کند.

مطابق مقدمهٔ اعلامیهٔ جهانی حقوق‌بشر، که حق انسان‌ها را "برای شورش علیه استبداد و ستم" به‌عنوان آخرین راه حل، به‌رسمیت می‌شناسد، ما باید مردم ایران، به‌ویژه زنان را برای دستیابی به هدف خود برای ایجاد یک نظام دموکراتیک و مبتنی بر جدایی دین و دولت مورد حمایت قرار دهیم؛ استقرار یک جمهوری دموکراتیک در ایران، که دوران جدیدی از آزادی و حقوق اساسی زنان و مردان را آغاز خواهد کرد.

حمایت از اپوزیسیون ایران و کانون‌های شورشی آن، به‌ویژه زنان، برای رویارویی با ماشین سرکوب رژیم تهران در تسهیل تغییر بسیار مهم است. این باید در خط مقدم استراتژی ما قرار گیرد تا راه را برای یک ایران با ثبات و دموکراتیک هموار کند و تهدید صلح و امنیت منطقه را یک بار برای همیشه ریشه‌کن کند.

شماری از شخصیت‌های امضاکنندهٔ بیانیهٔ جهانی زنان عبارت‌اند از:

- کندیس برگن، وزیر توسعهٔ اجتماعی کانادا ۲۰۱۳ - ۲۰۱۵، رهبر پیشین حزب محافظه کار کانادا

- جودی اسگرو، نمایندهٔ پارلمان کانادا از حزب حاکم لیبرال، وزیر شهروندی و مهاجرت (۲۰۰۳-۲۰۰۵)
- کورین لوپاژ، وزیر محیط زیست فرانسه (۱۹۹۵-۱۹۹۷)، عضو پارلمان اروپا (۲۰۰۹-۲۰۱۴)
- ایزابل لونویس روم، وزیر زنان و خانوادهها، تنوع و برابری در دولت فرانسه (۲۰۲۲-۲۰۲۳)
- آنلی اکرمن، نماینده پارلمان استونی، وزیر پیشین دارایی
- تورگردور کاترین گونارزدوتیر، نمایندهٔ پارلمان ایسلند، وزیر پیشین فرهنگ
- یونینا بیارتمارز، نمایندهٔ پیشین پارلمان و وزیر سابق محیط زیست ایسلند
- نرگس نیهان، سرپرست وزارت معادن و نفت در افغانستان(۲۰۱۷)
- نجیمه تای تای، وزیر آموزش و پرورش و جوانان مراکش (۲۰۰۴-۲۰۰۲)
- سونیا بیسرکو، عضو سابق کمیسیون تحقیق سازمان ملل در مورد نقض حقوقبشر در کرهٔ شمالی بنیانگذار و رئیس کمیتهٔ هلسینکی برای حقوقبشر در صربستان
- دکتر ناهد شاکر، معاون وزیر در سازمان ملل، مصر (۲۰۲۳-۲۰۱۶)
- حسنا جلیل، معاون پیشین وزیر امور زنان افغانستان
- کیارا کورازا، عضو شورای مشورتی برابری جنسیتی گروه هفت و نمایندهٔ بخش خصوصی گروه ۲۰ برای فرانسه
- نعیمه فرح، مشاور پیشین وزیر فرهنگ مراکش
- دورین روک ماکر، نمایندهٔ پارلمان اروپا از هلند

- سسیل ریلاک، نمایندهٔ پارلمان فرانسه و رئیس گروه پارلمانی برای ایران دموکراتیک، فرانسه

- کی‌یرا رودیک، رهبر حزب هولوس، نایب‌رئیس اتحاد لیبرال‌ها و دموکرات‌های اروپا از اوکراین

- دکتر مردیت برگمن، رئیس پیشین شورای قانون‌گذاری نیو ساوت ولز، استرالیا

- ایزابل آلنده، روزنامه‌نگار و نویسنده از شیلی

- گی مک دوگال، عضو کمیتهٔ حذف تبعیض نژادی سازمان ملل از آمریکا

- رودا ای. هاوارد هاسمن، عضو نظم کانادا، عضو نظم انتاریو، عضو انجمن سلطنتی کانادا، کرسی تحقیقاتی کانادا در حقوق بین‌الملل بشر، ۲۰۱۶تا۲۰۰۳، دانشگاه ویلفرد لوریر

- هیلیمنیتا آپوک، برندهٔ جایزهٔ معتبر سازمان ملل در زمینهٔ حقوق‌بشر در سال ۲۰۱۳ و بنیانگذار سازمان غیر دولتی مردم کوزوو

- آن رامبرگ ژور. دبیر کل کانون وکلای سوئد از سال ۲۰۰۰

- فیلیس چسلر، نویسنده از آمریکا

- دومینیک آتیاس، رئیس هیئت مدیرهٔ بنیاد وکلای اروپایی، رئیس پیشین فدراسیون وکلای اروپا با بیش از یک میلیون عضو

- دکتر الن جی کندی، مدیر اجرایی جهان بدون نسل‌کشی، آمریکا

- ماریا النا الوردین، وکیل و رئیس انجمن زنان آرژانتین در مشاغل حقوقی، آرژانتین

- پروفسور سارا چندلر رئیس پیشین کمیته حقوق‌بشر کانون وکلای انگلستان و ولز و فدراسیون حقوقدانان اروپا

- دکتر جاسلین اسکات، رئیس زنان در سراسر جهان در حال پیشرفت،

آزادی و برابری از انگلستان

- دکتر هدی بدران، رئیس ائتلاف زنان عرب از مصر

- ماریا معلوف، روزنامه‌نگار

- امل الدوبی، قاضی سابق، رئیس انجمن زنان علیه خشونت، یمن

- سفیر مونا عمر، معاون پیشین وزیر امور خارجه مصر، رئیس پیشین کمیسیون مشاوره حقوق‌بشر سازمان ملل در ژنو

- ملگورزاتا کریچووسکا، نایب رئیس کمیتهٔ خارجی شورای عالی وکلای لهستان

- ماریان پرل، یکی از بنیانگذاران پلت فرم METEOR، روزنامه نگار و نویسنده

- آنجلا اوتیان، از هیات رئیسهٔ کنفدراسیون ملی اتحادیه‌های کارگری مولداوی CNSM دارای ۳۵۰,۰۰۰ عضو

- لورا اولتئانو، از هیات رئیسه اتحادیهٔ کارتل آلفا، دارای ۳۰۰هزار عضو در رومانی

برندگان جایزهٔ نوبل

- پروفسور کلودیا گلدین، جایزهٔ نوبل، اقتصاد ۲۰۲۳ از آمریکا

- پروفسور دونا استریکلند، جایزهٔ نوبل، فیزیک ۲۰۱۸، کانادا

- پروفسور می بریت موزر، جایزهٔ نوبل، پزشکی ۲۰۱۴، نروژ

- خانم الفریده یلینک، جایزهٔ نوبل، ادبیات ۲۰۰۴، اتریش

- خانم لیما روبرتا گبووی، جایزهٔ نوبل صلح ۲۰۱۱، لیبریا

- اولکساندرا ماتویچوک، جایزهٔ نوبل صلح ۲۰۲۲، وکیل حقوق‌بشر، رئیس

مرکز آزادی‌های مدنی، اوکراین

● هرتا مولر، جایزهٔ نوبل ادبیات ۲۰۰۹، آلمان

● اسوتیالانا آلکسیویچ، رئیس قلم بلاروس، جایزهٔ نوبل ادبیات ۲۰۱۵، بلاروس

طرح آزادی‌ها و حقوق زنان در ایران آزاد فردا

در سال۱۳۶۶، شورای ملی مقاومت به‌اتفاق آرا طرح آزادی‌ها و حقوق زنان را تصویب کرد. در اسفند۱۳۸۸، مریم رجوی در اجلاس «زنان، پیشتاز تغییر دموکراتیک در ایران» در پارلمان اروپا نقطه نظرهای مقاومت ایران را در این‌باره طرح کرد.

الف- اصول

اول- لغو و رفع کلیهٔ ستم‌ها و اجبارت و تبعیض‌های رژیم ارتجاعی خمینی (شریعت آخوندی) دربارهٔ زنان ایران و پایبندی به‌تمامی آزادی‌ها و حقوق زنان در اعلامیهٔ جهانی حقوق‌بشر، کنوانسیون رفع کلیهٔ اشکال تبعیض علیه زنان و اعلامیهٔ رفع خشونت علیه زنان، مصوب مجمع عمومی ملل متحد در دسامبر ۱۹۹۳

دوم- تأکید بر تساوی کامل حقوق اجتماعی و سیاسی و فرهنگی و اقتصادی زن و مرد

سوم- تأمین کامل حقوق تمامی زنان کشور فارغ از هر عدم‌تساوی و محدودیت بهره‌کشانه و رد هر نوع تلقی کالایی از زن

ب- مهم‌ترین مواد آزادی‌ها و حقوق زنان در ایران آزاد فردا:

۱ حق انتخاب‌کردن و انتخاب‌شدن در تمامی گزینش‌ها و انتخابات.

۲ حق اشتغال و انتخاب آزادانهٔ شغل و حق تصدی هر مقام، منصب و شغل عمومی و دولتی، ازجمله ریاست جمهوری (طبعا رهبری سیاسی) و قضاوت در تمام مراجع دادرسی.

۳ حق فعالیت سیاسی و اجتماعی آزادانه، رفت‌وآمد و مسافرت بدون نیاز به اجازهٔ دیگری.

۴ حق استفاده بدون تبعیض از کلیهٔ امکانات آموزشی، تحصیلی، ورزشی و هنری و حق شرکت در تمام مسابقات ورزشی و فعالیت‌های هنری.

۵ حق انتخاب آزادانهٔ لباس و پوشش.

۶ به‌رسمیت‌شناختن تشکل‌های زنان و حمایت از سازمان‌یابی داوطلبانهٔ آنان در سراسر کشور؛ در نظر گرفتن امتیازات ویژه در زمینه‌های گوناگون اجتماعی، اداری، فرهنگی، به‌خصوص در امور آموزشی، به‌منظور رفع نابرابری و ستم مضاعف از زنان.

۷ دریافت مزد مساوی با مردان در برابر کار مساوی؛ منع

تبعیض در استخدام و به هنگام اشتغال؛ برخورداری یکسان از مزایای گوناگون از قبیل مرخصی، حقوق بازنشستگی و از کارافتادگی؛ دریافت حق اولاد و تأهل و بیمهٔ بیکاری؛ برخورداری از حقوق و تسهیلات ویژه به هنگام بارداری و زایمان و نگهداری اطفال.

۸ آزادی کامل در گزینش همسر و ازدواج که تنها با رضایت طرفین صورت می‌گیرد و در نزد مقام قانونی به ثبت می‌رسد. ازدواج قبل از رسیدن به سن قانونی ممنوع است. در زندگی خانوادگی هرگونه اجبار و تحمیل به زن ممنوع است.

۹ حمایت از زنان بیوه و مطلقه و اطفال تحت حضانت و سرپرستی آن‌ها از طریق نظام تأمین اجتماعی کشور.

۱۰ حق متساوی طلاق. طلاق در مراجع صلاحیت‌دار قضایی صورت می‌گیرد. زن و مرد در ارائهٔ دلیل برای طلاق برابرند. نحوهٔ سرپرستی اطفال و تأمین معیشت آنان و هم‌چنین نحوهٔ تسویهٔ مالی ضمن حکم طلاق تعیین می‌شود.

۱۱ رفع نابرابری‌های حقوقی در زمینهٔ شهادت، ولایت، حضانت و ارث و ممنوعیت چندهمسری.

۱۳ منع هرگونه بهره‌کشی جنسی از زن تحت هرعنوان و الغای کلیه رسوم و قوانین و مقرراتی که برطبق آن‌ها پدر و مادر، ولی، قیم یا دیگری دختر یا زنی را، به‌عنوان ازدواج یا هر

عنوان دیگر، به دیگران واگذار می‌کنند.

واضح است که این اصول و حقوق و آزادی‌ها، نه فقط رهایی زن، بلکه رهایی تاریخی مرد و زن ایرانی را باهم، مدنظر دارد.